HISTOIRE ABRÉGÉE
DU
DÉPARTEMENT DE LA DRÔME

Par A. COUCHOUD

Commis principal de l'Inspection académique de la Drôme,
Officier d'Académie.

AVANT-PROPOS

Nous nous sommes servi, pour faire cette histoire abrégée du département de la Drôme, de la statistique si intéressante et si complète de M. Delacroix, à laquelle nous avons fait de nombreux emprunts et sans laquelle, nous devons l'avouer, nous aurions été dans l'impossibilité de mener à bien notre tâche.

Qu'il nous soit permis de remercier également M. Rochas, le savant bibliothécaire de la ville de Valence, qui a bien voulu nous aider de ses conseils et nous permettre de puiser, dans sa Biographie des hommes illustres du Dauphiné, les renseignements qui nous étaient nécessaires pour parler, en pleine connaissance de cause, des hommes illustres de la Drôme.

A. Couchoud.

I. — PÉRIODE ROMAINE.

L'histoire n'a pas conservé la trace des faits qui ont pu être accomplis par nos ancêtres avant la conquête du pays par les Romains. C'est donc à compter de cette date que nous ferons commencer l'histoire de notre département.

Ce qui forme aujourd'hui le département de la Drôme était occupé par des peuplades diverses qui avaient nom les *Allobroges*, les *Ségalauniens*, les *Tricastins*, les *Vertacomicores*, les *Triulates*, les *Voconces*, et les *Tricorii* ou *Tricoriens*.

Les *Allobroges*, dont Vienne était la capitale, possédaient tout le territoire situé entre le Rhône et l'Isère. Les *Ségalauniens*, qui avaient Valence pour capitale et qui étaient limitrophes des *Allobroges*, occupaient quelques communes de la rive droite du Rhône.

Saint-Paul-Trois-Châteaux était la capitale des *Tricastins* : ils occupaient les communes qui font aujourd'hui partie des cantons de Grignan, Montélimar, Saint-Pierre-Trois-Châteaux.

Les *Vertacomicores* étaient confinés dans le Vercors, qui tire du reste son nom de ses premiers habitants.

Le *Royannais* était occupé par les *Triulates*, dont le territoire s'étendait jusqu'aux portes de Grenoble.

Les *Voconces* formaient deux territoires différents : le premier, qui avait à l'origine Luc pour capitale, et le deuxième, qui comprenait toute la partie méridionale du département, s'étendait jusque dans le département de Vaucluse et avait Vaison pour capitale.

Les *Tricorii* ou *Tricoriens* occupaient à peu près tout l'arrondissement actuel de Nyons, y compris un certain nombre de communes qui dépendent aujourd'hui du département de Vaucluse.

Nous laissons de côté à dessein tout ce qui a trait aux mœurs et aux coutumes de chacun des peuples dont nous venons de parler, pour ne pas dépasser les limites que nous nous sommes assigné.

Les peuples que nous venons de signaler plus haut prirent part aux expéditions que les barbares (c'est ainsi que les Romains dénommaient nos aïeux) firent en Italie : ils suivirent Bellovèse, lorsqu'il passa dans le Tricastin et se rendit en Italie, où il faillit détruire à son berceau le nom et la puissance romaines (587 avant J.-C.).

D'autres chefs succédèrent à Bellovèse et firent comme lui des descentes en Italie qu'ils remplirent de leurs colonies : ces incursions donnèrent naissance aux Liguriens et aux Gaulois cisalpins.

Brennus, se rendant en Italie, comptait dans son armée toutes les peuplades qui résidaient dans notre département : son expédition fut heureuse puisqu'il put s'emparer de Rome et qu'il vendit au poids de l'or aux Romains la vie et la liberté (390 avant J.-C.).

Les Carthaginois aussi recoururent aux peuples dont nous avons parlé. Ceux-ci, du reste, faisaient comme les Suisses plus tard qui servaient dans l'armée française, ils vendaient à de certaines conditions leurs services : ce sont eux qui contribuèrent à la défaite de Régulus.

Ce qui reste aujourd'hui comme l'événement le plus considérable de l'époque, ce fut l'expédition d'Annibal : à Loriol, l'endroit où s'est arrêté le héros carthaginois porte encore le nom de *Camp d'Annibal*. Avant la conquête de la Gaule par César, les Romains pénétrèrent sur notre territoire (121 avant J.-C). C'est ainsi qu'une bataille importante s'engagea sur le territoire de la commune de Tain entre l'armée romaine, commandée par le consul Q. Fabius Maximus, et Bituitus, roi ou chef des Arvéniens ; cette bataille, qui se livra avec des forces considérables de part et d'autre, fut favorable aux Romains et amena la soumission de tous les peuples situés au midi de l'Isère ; les *Allobroges* seuls protestèrent et devinrent les ennemis les plus irréconciliables des Romains.

Jusqu'à l'arrivée de César en Gaule, nous n'avons rien de bien important à signaler, si ce n'est cependant la victoire éclatante remportée par Marius sur les Teutons et les Cimbres.

César acheva la conquête de la Gaule non sans une résistance très vive de la part de ces fiers Gaulois, nos aïeux, qui avaient à leur tête un homme dont on ne saurait assez louer le patriotisme ardent : Vercingétorix. La France, reconnaissante, a élevé plus tard une statue à ce vigoureux défenseur des libertés gauloises.

Le département de la Drôme fut tout d'abord compris dans la *Province* qui, plus tard, s'appela province narbonaise. Lorsque la Gaule fut définitivement devenue conquête romaine, la Narbonaise se divisa en deux parties : *Vienne* fut la capitale de celle qu'on appela *Viennoise* et qui avait pour villes principales dans notre département Die, Saint-Paul-Trois-Châteaux et Valence.

Un peu plus tard, la province viennoise fut partagée en quatre, savoir :

1 *La Viennoise*, depuis Genève jusqu'à Marseille ;

2° *La 2ᵉ Narbonaise*, qui avait Aix en Provence pour capitale ;

3° *Les Alpes grecques ou pennines*, dont Tarentaise fut la capitale ;

4° *Les Alpes maritimes*, avec Embrun pour capitale.

Les Romains se signalèrent dans notre département par l'établissement de routes splendides. Celle qui passait au milieu de la Drôme était la *Voie aurélienne* dont un embranchement conduisait d'Arles à Genève par Valence et Vienne.

Notre département eut, après la domination romaine, à subir fréquemment l'invasion des peuples du Nord.

En l'année 260 de notre ère, on signale une invasion des Vandales qui incendièrent Valence, Saint-Paul-Trois-Châteaux et Vaison, aujourd'hui situé dans le département de Vaucluse. Ataulfe, roi des Wisigoths, s'empara de Valence en 411 et le ravagea ; enfin les Alains, qui s'étaient établis dans tout le Valentinois, en furent chassés à leur tour par les Bourguignons qui, en 460, s'établirent sur les rives du Rhône.

Le christianisme pénétra dans nos contrées vers le milieu du IIIᵉ siècle : les fondateurs de l'église de Valence, *saint Félix*, *saint Fortunat* et *saint Achillée* subirent le martyre par l'ordre de l'un des lieutenants de l'empereur Caracalla.

Saint-Paul-Trois-Châteaux a compté aussi des chrétiens qui ont subi le martyre.

Valence fut en 374 le siège d'un concile, et lorsque le christianisme eut dans notre département de nombreux adeptes, on installa des évêchés à Die, à Saint-Paul-Trois-Châteaux et à Valence.

II. — PÉRIODE FÉODALE.

Les Bourguignons, comme nous l'avons dit plus haut, s'étaient installés le long du Rhône et y avaient établi leur domination. Aétius, patrice romain, leur abandonna (438) tout le pays situé entre le Rhône et les Alpes, depuis le lac de Genève jusqu'au-dessus de Grenoble, sous la réserve que la moitié des terres serait concédée aux anciens habitants de ces contrées.

Trente deux ans plus tard, ces mêmes Bourguignons occupaient un territoire qui s'étendait jusqu'à la Durance.

La ville de Vienne, aujourd'hui située dans le département de l'Isère, avait été choisie comme la capitale de ce nouveau royaume dont le premier roi connu, *Gondicaire*, mourut en 436.

Le gouvernement des Bourguignons prit fin en 532, les successeurs de Clovis s'étant rendus maîtres de leurs États.

Vers l'an 571, notre pays fut ravagé par les Lombards. On signale une seconde incursion des mêmes peuples en 574; cette fois, ils avaient à leur suite une armée assez considérable qui était divisée en trois corps.

Le premier ravagea la Provence ; le deuxième se dirigea sur Grenoble, et le troisième, qui avait pris la route du col de Cabres, descendit le cours de la Drôme, s'empara de Die et vint mettre le siège devant Valence.

Là ils eurent à lutter, et comme ils n'étaient pas en nombre, ils repassèrent les Alpes.

Une autre invasion, bien autrement redoutable que celle des Lombards, l'invasion des Sarrasins, désola plus tard notre département. Ils se répandirent dans le Languedoc et, peu après, dans l'ancien royaume de Bourgogne, où ils remontèrent le Rhône en pillant et en massacrant tout ce qu'ils rencontraient.

Ce fut Charles-Martel qui en débarrassa le pays.

Après la mort de l'empereur Lothaire, fils de Louis-le-Débonnaire (855), ses trois fils se partagèrent ses États.

Charles, qui était le plus jeune, eut entre autres territoires, le Dauphiné. Il résidait assez habituellement au château de Montaille, dont le hameau dépend aujourd'hui de la commune d'Anneyron. A sa mort (863), ses frères se partagèrent son héritage. Le Dauphiné échut à Lothaire, mais comme ce prince mourut sans enfants, en 869, l'empereur Louis II s'annexa ses États. Louis II maria sa fille unique, Ermengarde, à *Boson*, l'un des grands seigneurs du royaume.

Charles le Chauve profita de l'absence et de la mort de l'empereur, en Italie, pour mettre la main sur le Dauphiné.

Mais Boson ne voulut pas reconnaître l'envahisseur et, dans une assemblée de seigneurs et d'évêques tenue à Mantailles, le 15 octobre 1879, il fut lui-même proclamé roi. C'est ainsi que notre pays cessa d'appartenir à la monarchie franque pour devenir de nouveau royaume de Bourgogne.

L'élévation de Boson au trône ne se produisit pas sans protestation : les fils de Louis le Bègue voyaient avec peine leur échapper une partie importante de l'héritage paternel ; aussi luttèrent-ils pour leurs droits; mais Boson se défendit avec courage et déploya dans cette lutte la plus grande valeur en même temps que la plus grande habileté. C'est ainsi qu'en se proclamant le vassal de l'empereur Charles le Gros, il détacha celui-ci des intérêts des fils de Louis le Bègue qui se virent alors obligés de reconnaître Boson comme roi.

A la mort de Boson, survenue en 887, son fils *Louis* n'était âgé que de dix ans ; mais, conseillé par sa mère, il renouvela à Charles le Gros le serment de vassalité qu'avait prêté son père ; aussi celui-ci le reconnut pour roi de Bourgogne et l'adopta. Il semblait qu'il ne dût plus y avoir de contestation à ce sujet ; toutefois, Ermengarde crut devoir faire proclamer son fils roi par le concile qui eut lieu à Valence, en 890.

Pendant qu'Ermengarde s'occupait de conserver à son fils le royaume paternel, un fils de Conrad pénétrait dans la Franche-Comté, dont il se rendait maître, et prenait possession de toute la partie septentrionale des États de Boson.

La Bourgogne forma alors deux royaumes distincts : l'un, qui avait pris le nom de *Bourgogne cisjurane* (royaume d'Arles et de Provence), et l'autre, celui de *Bourgogne transjurane*

Vers l'an 900, la couronne d'Italie fut donnée à Louis, fils de Boson, mais il en fut bientôt dépossédé par Béranger, qui lui creva les yeux. Louis revint alors dans son royaume de Bourgogne, où il régna sans opposition.

Le duc de Provence, *Hugues*, lui succéda, mais, comme il ambitionnait la couronne d'Italie et le titre d'empereur, il céda ses États (930) à Rodolphe II, roi de la Bourgogne transjurane. Par cette cession, les deux Bourgogne se trouvèrent de nouveau réunies sous la même main.

Conrad le Pacifique remplaça Rodolphe II en 937. Ce roi a mérité son surnom de pacifique, car il dut souvent maintenir la paix dans ses Etats, sans pour cela sacrifier en rien l'intérêt de ses sujets lorsque cela était nécessaire. C'est ainsi qu'avec Isarn, évêque de Grenoble, qui avait son siège épiscopal à Saint-Donat, il sut soustraire aux Maures, qui en étaient possesseurs depuis près de deux siècles, une partie importante de cette province.

Le successeur de Conrad le Pacifique fut *Rodolphe III*, surnommé le Fainéant, qui monta sur le trône en 993. Sous ce prince et sous son successeur, *Conrad le Salique*, commence une période d'anarchie qui aboutit à l'établissement d'une féodalité indépendante dont le pays a beaucoup à souffrir.

A la suite de la transformation de notre département en marquisats, comtés et baronnies, le lien qui nous unissait au pouvoir royal fut détruit. Notre province fut déchirée par les luttes intestines de seigneur à seigneur; ceux qui étaient les plus importants tentèrent d'enlever à l'Église les biens qu'elle possédait.

Le Dauphiné ne resta pas étranger au grand mouvement communal qui se manifestait alors par toute la France. Les chartes les plus anciennes qui nous intéressent sont celles de Crest (1188), de Montélimar (1198), d'Etoile (1244), du Buis (1288), de Nyons (1314), et de Valence (1331).

Celles de Crest et de Valence ont été établies par les comtes de Valentinois; Montélimar doit la sienne à Adhémar de Monteil ; le Buis, aux barons de Mevouillon ; et Nyons, au dauphin. On n'a que de vagues renseignements sur la commune de Romans.

Le grand mérite de ces chartes est qu'elles avaient pour but de réprimer le pillage et les vexations.

Les empereurs d'Allemagne essayèrent à diverses reprises de reprendre ce qui leur avait été enlevé. Frédéric Barberousse fut le premier et le seul qui sut imposer son autorité ; en 1157, il céda la ville de Valence à son évêque Odon, fit de l'évêque de Die un prince de l'empire et lui concéda la ville dont il avait le gouvernement spirituel.

L'évêque de Saint-Paul-Trois-Châteaux devint le seigneur de sa ville épiscopale avec la jouissance de tous droits depuis le Rhône jusqu'à l'Eygues.

Les comtes d'*Albon* qui, un peu plus tard, ajoutèrent à leur territoire le comté de Vienne, furent les seigneurs les plus importants de notre pays. Ils prirent sur leur blason un *Dauphin*, après avoir donné ce nom, qui servait ainsi de prénom, à l'un d'entre eux, *Guignes IX*.

Les croisades, en éloignant les seigneurs qui auraient pu être une cause de gêne pour les comtes d'Albon devenus dauphins, ne firent qu'affermir cette maison dont l'autorité, sous *Humbert II*, s'étendait sur presque tout le Dauphiné.

Enfin, le 30 mars 1349, ce même Humbert II fit cession de ses États à Philippe VI, sous la réserve expresse que l'héritier présomptif de la couronne prendrait à perpétuité le titre de Dauphin et que les armes du Dauphiné seraient ajoutées aux armes de France.

En cédant son territoire au roi de France, Humbert II n'eut plus qu'un souci, celui d'améliorer le sort de ses anciens sujets. Il fit paraître le règlement connu sous le nom de *statut delphinal*, qui devint le droit de notre province, et il décida que ceux qui lui devaient le serment de vassalité ne pourraient profiter des franchises qu'il octroyait qu'autant qu'ils prendraient l'engagement d'en faire jouir leurs arrière-vassaux.

Cette cession du Dauphiné à la France fut l'objet de protestations très vives de la part des seigneurs qui voyaient avec peine leur autorité abaissée devant la majesté royale, et l'anarchie n'en dura pas moins plus d'un siècle encore.

Les Grandes Compagnies étaient le fléau de cette époque : en 1390, elles pénétrèrent sur le territoire du comte de Valentinois, qui s'opposa à leur passage et fut battu. Leur chef, Sévérac, s'empara de Châteauneuf de Mazenc et de tout le pays environnant, fit prisonniers et rançonna un grand nombre de seigneurs dauphinois, traversa librement le pays et ramena ses troupes en Armagnac.

Les habitants de Valence, qui étaient tenus sous un joug de fer et dont la situation devenait de plus en plus intolérable, demandèrent aide et protection au roi de France, et Charles VI écrivit au gouverneur du Dauphiné, Jacques de Montmaur, de leur prêter aide et sauvegarde comme à ses propres sujets, « parce que, disait le roi, pendant sept années, le territoire de Valence a été ravagé par les gens de guerre, routiers et larrons ; que présentement les habitants éprouvent d'insupportables et irréparables dommages, des guerres, des pilleries et des rançons ; que le rapt des femmes, les assassinats et autres calamités les plongent dans un si piteux état de misère qu'ils seront bientôt contraints de fuir leur patrie ; que, dépourvus de toute défense de la part de leur évêque et du comte, ils ne peuvent plus supporter tant et de si intolérables calamités. Ayant donc en notre conseil pesé ces considérations, les recevons et prenons, eux et leurs successeurs, comme Dauphinois, en notre spéciale sauvegarde, protection, tuition, garde et défense, sans toutefois apporter dommage et préjudice aux droits de l'évêque, du comte, de notre sire le pape et l'empereur. Nous promettons aussi de les défendre contre les agressions injustes et de châtier quiconque voudrait les molester dans leurs biens, leur personne et leurs droits. En outre, leur concédons, à eux et leurs successeurs, de notre certaine science et bon vouloir, des libertés et franchises semblables à celles dont jouissent nos sujets les citoyens de Grenoble. »

Nous avons tenu à donner intégralement le texte de cette lettre fort curieuse, parce qu'elle montre dans quel état de servitude nos aïeux étaient tombés. — Il semble que cette lettre fort précise du roi de France ait dû apporter quelque remède aux maux qui accablaient les habitants de Valence ; il n'en fut rien, le peuple continua d'être rançonné et pillé.

Un traité survenu en 1404 réunit les comtés de Valence et de Die, dont Louis de Poitiers était souverain, au domaine royal, à la condition qu'il en garderait l'usufruit pendant sa vie. Cette cession fut vue d'un mauvais œil par ses cousins qui se trouvaient ainsi frustrés d'une succession sur laquelle ils comptaient. Cédant aux menaces de mort qu'ils lui firent, Louis voulut rétracter ce traité, mais les seigneurs qu'il consulta à ce sujet s'y refusèrent. Pour vaincre leur résistance, par un testament de 1419 il fit Charles VII, qui était alors dauphin, son héritier sous la condition de donner 50,000 écus d'or pour payer les legs inscrits sur ce testament, ainsi que les dettes qu'il pouvait laisser, et de terminer un procès qu'il avait commencé contre six seigneurs de Saint-Vallier. Les comtés de Valence et de Die étaient donc annexés à la couronne de France, mais il était stipulé qu'au cas où Charles n'exécuterait pas les clauses du testament, ses États deviendraient propriété du duc de Savoie.

Louis mourut en 1420; toutefois, comme Charles n'avait pas satisfait à toutes les prescriptions du testament, le duc de Savoie s'empara des deux comtés en 1422. Ce fut à cette époque la cause d'une guerre qui se termina par un traité avantageux pour la France, puisqu'elle prenait définitivement possession des comtés de Valence et de Die.

III. — PÉRIODE MODERNE.

Louis XI est le seul prince qui, étant dauphin, fit un long séjour en Dauphiné. Ce fut dans cette province qu'il ourdit ses premières intrigues : en 1456, il y levait une armée pour débarrasser, disait-il, la France de ses ennemis, et, en réalité, pour lutter contre son père. Charles VII envoya alors des troupes en Dauphiné et reprit le gouvernement de cette province. Le dauphin devait être arrêté, mais il s'échappa à temps et gagna les Pays-Bas, après avoir résidé dix ans en Dauphiné. Dans cet intervalle, il avait fondé plusieurs établissements, entre autres l'université de Valence (1452) et érigé, et 1453, le Conseil delphinal en Parlement.

Devenu roi sous le nom de Louis XI, il fit aux seigneurs de la province une guerre acharnée ; aussi, à sa mort, ceux-ci essayèrent-ils de se révolter. Etoile devint leur quartier général; mais le gouverneur de la province eut vite raison de ce mouvement. On leur défendit alors de battre monnaie et on décida que la seule qui aurait cours serait celle qui serait marquée au coin du roi ou à celui du dauphin.

Sous Charles VIII les chevaliers de Rhodes envoyèrent en France Zizim, fils de Mahomet II et frère de l'empereur Bajazet. Zizim fut interné au château de Rochechinard, où il ne séjourna pas longtemps; il passa de là en Auvergne, puis en Italie, où il devint le prisonnier des papes Innocent VIII et Alexandre VI.

Louis XII, qui succéda à Charles VIII, aspirait à se rendre maître du Milanais et du royaume de Naples; il songeait encore à faire casser son mariage avec Jeanne de France afin d'épouser Anne de Bretagne. Pour se rendre favorable Alexandre VI, il érigea en duché le Valentinois et le Diois et le donna à César Borgia, fils naturel du pape, pour lui, ses héritiers et successeurs, à perpétuité.

Le parlement du Dauphiné se refusa d'abord à enregistrer les lettres patentes qui consacraient cette donation et ne céda qu'en 1498.

Six ans après, en 1504, Louis XII déclara César Borgia coupable de félonie et révoqua sa donation. C'est ainsi que le Valentinois et le Diois, un moment détachés, reprirent, malgré quelques résistances, leur place dans le domaine de la couronne.

Nous arrivons (et nous sommes obligés, pour le faire, de revenir en arrière), aux luttes religieuses qui eurent leur théâtre dans une partie de notre département.

Le premier de ceux qui commencèrent la lutte contre l'Eglise fut *Pierre de Bruys*. Il niait les principaux articles de foi du christianisme, particulièrement le baptême et la messe. Partout où il passait il renversait les autels et les croix. Il s'enfuit du Dauphiné en Languedoc, où il fut arrêté et brûlé vif; mais il laissa des disciples.

C'est vers l'an 1160 que *Pierre Valdo* ou de Vaud fit son apparition dans notre département. Valdo avait une certaine fortune qu'il avait honorablement gagnée dans le commerce, à Lyon, où il résidait.

Prétendant que tous les chrétiens sont frères, il partageait son bien avec ceux qui étaient pauvres. Il menait une vie d'ascète, priant à genoux sept fois par jour et fort souvent la nuit. Il eut vite de nombreux disciples. Sa doctrine se répandit dans les provinces méridionales, et surtout dans le diocèse d'Alby, d'où vint à ses adeptes le nom d'Albigeois, qu'ils ont conservé dans l'histoire.

Le clergé catholique résolut d'étouffer le mouvement dans son germe. Le comte de Toulouse, Raymond VI, qui comptait le comtat Venaissin dans ses domaines, avait été signalé comme complice de l'hérésie ; on lui déclara la guerre. Il leva une armée et envahit les localités situées autour de Vaison et de Saint-Paul-Trois-Châteaux. Saint-Paul, qu'il avait assiégé, allait être incendié lorsque les habitants se rendirent. Bertrand de Pierrelatte, évêque de la ville, signa un traité avec Raymond.

L'hérésie prenait de jour en jour des proportions plus grandes. C'est alors que fut décidée, sur les conseils du pape, la fameuse croisade des Albigeois. Les catholiques levèrent en quelques mois une armée de 500,000 hommes. Leur quartier général était dans le Valentinois et le comte Simon de Montfort les commandait.

Raymond fut excommunié ; le pape promit ses États à celui qui en prendrait le premier possession. Un légat, nommé Milon, présida une réunion d'évêques à Montélimar, et il y fut décidé que l'on inviterait Raymond à venir à Valence. Le comte de Toulouse s'y rendit, fit toutes les promesses qu'on voulut, et accepta l'annulation du traité qu'il avait signé avec l'évêque de Saint-Paul.

Cette réconciliation ne faisait pas l'affaire des seigneurs qui continuèrent les hostilités dans le Languedoc, pendant que des troubles éclataient dans le Valentinois et le Diois qui renfermaient encore un grand nombre d'Albigeois.

Simon de Montfort fut envoyé pour réprimer cette agitation. Le comte de Valentinois, Aymar, était à la tête des révoltés. Il fortifia les places du Diois et opposa dans la tour de Crest une si vigoureuse résistance que, par deux fois, Simon de Montfort fut contraint de battre en retraite.

Une nouvelle paix fut signée qui, cette fois, ne fut plus rompue.

Le comte de Toulouse n'avait pu opposer une armée assez forte à celle qu'avaient levée les catholiques : il fut dépossédé de ses Etats et ce fut à partir de cette époque que les papes prétendirent avoir des droits sur le Comtat Venaissin.

Malgré les rigueurs qui furent à diverses reprises exercées contre eux, les Vaudois restèrent attachés à leurs croyances et, quand le protestantisme prit naissance, ils furent des premiers à l'embrasser.

Luther avait définitivement rompu avec l'Eglise catholique en 1521, et avait vu se grouper en peu de temps autour de lui une foule de partisans. A la cour de France, beaucoup de seigneurs inclinaient à la nouvelle doctrine, qui ne tarda pas à se répandre dans les provinces.

En 1526, au retour de la captivité de François Ier, les persécutions commencèrent. On exerça contre les protestants des rigueurs telles qu'un grand nombre d'entre eux quittèrent le pays pour aller en Suisse, à la suite de Calvin, qui fut un des fondateurs de l'église protestante genevoise.

Mérindol vit en 1540 le massacre de presque tous ses habitants, dont les maisons furent rasées. Pour éviter les persécutions, les protestants ne se réunissaient que la nuit, et le plus souvent dans les caves. Mais lorsqu'ils se virent en nombre suffisant ils se déclarèrent : en 1555 ceux de Saint-Paul-Trois-Châteaux affichèrent dans tous les quartiers et sur la porte même de l'église des placards dans lesquels ils tournaient en dérision la religion catholique et vantaient en échange la religion protestante.

L'évêque crut devoir s'opposer par tous les moyens possibles à cet élan des protestants : on les menaça de peines fort sévères, mais les accusés ayant tout nié, cet incident n'eut pas de suites.

Sous le règne de François II défense fut faite aux protestants de se réunir et l'on annexa à chaque parlement une chambre, qu'on appela *ardente*, qui était spécialement chargée de juger et de punir les infractions à cette défense.

Notre région fut une de celles qui eurent le plus à souffrir des guerres de religion sous les règnes si troublés de Charles IX et de Henri III. Des excès déplorables y furent commis de part et d'autre, et la Saint-Barthélemy y eut son contre-coup, surtout à Romans, à Valence et à Montélimar, où quantité de protestants furent massacrés. Toutefois l'énergie des autorités locales empêcha bien des exécutions. Le gouverneur de la province, de Gordes, le premier président, Truchon, et le parlement de Grenoble tout entier se refusèrent à exécuter l'ordre qui était venu de la cour d'exterminer les calvinistes. De Gordes fit au roi Charles IX cette belle réponse : « Sire, j'ai communiqué les ordres de Votre Majesté aux magistrats du Dauphiné et aux officiers de la garnison ; je n'ai trouvé parmi eux que de savants conseillers et de braves soldats et pas un bourreau. »

Le parlement s'associa, dans la circonstance, à la généreuse résistance de de Gordes. Les conseillers déclarèrent qu' « il n'y avait jamais eu en Dauphiné de privilège pour l'assassinat. »

Le règne de Henri IV ramena la paix dans les esprits, et la promulgation, en 1598, de l'édit de Nantes, acheva l'œuvre si bien commencée : les protestants obtinrent le libre exercice de leur culte avec le droit de participer aux honneurs et aux emplois publics.

Malheureusement cette sage politique ne se continua pas sous les règnes de Louis XIII, de Louis XIV et de Louis XV. Les persécutions contre les protestants recommencèrent, sourdement d'abord, puis ouvertement, après la révocation de l'édit de Nantes. Notre pays eut à souffrir plus que tout autre des dragonnades. Pour sauver leur tête ou pour ne pas abjurer leur foi, les protestants delphinois prirent part au grand mouvement d'émigration qui se produisit alors et qui devint par la suite si préjudiciable à la France.

Cette longue suite de persécutions eut pourtant un terme. Sous Louis XVI toutes ces violences cessèrent et l'humanité reprit enfin ses droits.

Les préoccupations politiques de l'époque furent interrompues en 1763 par les violents tremblements de terre qui désolèrent les environs de Montélimar et qui atteignirent en particulier la commune de Clansayes. Toutefois, si à Clansayes les murs des maisons furent lézardés, il ne faut pas pour cela attribuer au tremblement de terre l'émigration de la montagne dans la plaine, mais simplement aux commodités de toutes sortes qu'offre la plaine.

En 1787, Louis XVI voulut établir de nouveaux impôts : c'est ainsi que parurent les édits du timbre et de la subvention territoriale. Le parlement de Paris s'opposa à l'enregistrement de ces nouvelles taxes et celui de Grenoble imita son exemple. Le pouvoir royal essaya en vain de résister. Le Dauphiné tout entier soutint son Parlement.

Après une première réunion des Etats du Dauphiné au château de Vizille, près Grenoble, les membres de ces Etats se réunirent à nouveau, le 10 septembre 1788, dans l'église des Cordeliers de Romans. La session dura 22 jours. Les Etats de Romans étaient chargés, d'après les ordres du roi, d'exprimer leur avis sur la constitution qu'il conviendrait de donner à la province du Dauphiné.

L'archevêque de Vienne, Lefranc de Pompignan, avait été choisi comme président par le roi : le secrétaire, qui fut Mounier, fut élu par ses collègues du tiers : 190 membres de la noblesse, 48 du clergé, s'étaient rendus à cette réunion; quant au tiers-état, toutes les bourgades avaient tenu à y être représentées. Pour arriver à un équilibre entre les trois ordres, qui devaient voter réunis et par tête, il fut décidé que chaque membre du clergé voterait deux fois et que les députés du tiers choisiraient entre eux par l'élection 286 représentants : le tiers devait avoir ainsi un nombre de suffrages égal à celui des deux autres ordres.

Ce fut encore Mounier qui dirigea les délibérations et fit adopter une organisation des Etats en vertu de laquelle 24 membres du clergé, 48 de la noblesse et 72 du tiers devaient constituer la représentation provinciale, délibérer ensemble, en comptant les votes par tête et non par ordre, de manière que le tiers eût autant de voix que les deux autres ordres. Ce plan, qui fut adopté et approuvé par le roi, servit de règle pour tout le royaume.

C'est alors que Necker se décida à convoquer les Etats-

Généraux et invita les trois ordres à nommer leurs représentants : Mounier fut élu à l'unanimité, et Barnave à une majorité considérable.

Le Dauphiné, qui avait été en quelque sorte le berceau de la Révolution, fut la contrée où les orages révolutionnaires firent le moins de ravages.

En 1798, le général Duphot, ambassadeur de la République française, avait été assassiné dans une émeute et, à titre de représailles, on avait enlevé de Rome le pape Pie VI. Celui-ci arriva à Valence le 14 juillet 1799. Il dut s'y arrêter. Après un séjour de deux mois il y tomba malade et mourut au bout de quelques jours.

Il n'y a rien de particulier à signaler pendant le règne despotique de Napoléon Ier.

Lorsque parvint aux Tuileries la nouvelle du débarquement de l'empereur, de retour de l'île d'Elbe, le duc d'Angoulême quitta immédiatement Paris pour se rendre dans le midi, espérant de là pouvoir gagner Lyon et arrêter la marche de Napoléon sur Paris.

Le duc d'Angoulême s'empara facilement de Montélimar, qui ne pouvait opposer une résistance sérieuse, et continua sa marche en avant, malgré les efforts du général Debelle qui essaya en vain de l'arrêter au passage du pont de la Drôme. L'affaire la plus importante fut celle de Loriol, où il y eut 300 hommes tués, et cette escarmouche ne fit qu'augmenter le haine du peuple contre les Bourbons.

C'est pendant le règne de Louis XVIII, en 1816, qu'une tentative de restauration impériale fut faite par Paul Didier, né à Upie, en 1752 : il échoua et porta sa tête sur l'échafaud, à Grenoble, avec 14 de ses compagnons, le 10 mai 1816.

La période qui s'étend de la mort de Louis XVIII (1824) à la proclamation de la République (1848) ne fut marquée par aucun événement important. Le Dauphiné et, en particulier, le département de la Drôme ne pouvaient que regretter, sous Louis XVIII et Charles X, la disparition des idées libérales. Aussi la proclamation de la République, en 1848, fit-elle éclater chez les populations de la Drôme une joie indescriptible. L'ordre régna constamment ; le changement d'autorité se fit sans aucune secousse.

Il n'en fut pas de même lorsque le prince Louis-Napoléon entreprit avec succès de faire son coup d'Etat et de renverser la République. Le département de la Drôme, bien connu pour ses opinions républicaines, avait été mis en état de siège. A la nouvelle du coup d'Etat, tous les cantons ruraux du département se préparèrent à prendre les armes. Lorsqu'on leur annonça que l'ordre était rétabli à Paris, ils durent mettre bas les armes, mais cette dépêche ne parvint pas dans les cantons de Crest et de Saillans où la République allait trouver de vaillants défenseurs.

Les troupes de Bonaparte étaient en possession de Crest, qui, par sa position, se trouvait être le point de jonction où devaient forcément aboutir toutes les masses qui pouvaient ou voulaient marcher sur Valence. Trois cents paysans essayèrent de s'en emparer. D'abord repoussés ils campèrent sur le plateau. La troupe s'imagina qu'elle repousserait aisément cette petite armée; mais le chant de la Marseillaise, qui se faisait entendre dans le lointain, annonçait aux républicains que des amis venaient à leur secours. Toutefois, les nouveaux venus ne montrèrent pas le même courage que ceux qui les avaient précédés; le premier feu de file eut raison d'eux. Après avoir repoussé cette attaque, la troupe se retourna contre les paysans qui occupaient le plateau et les en délogea. C'est alors que les habitants de Dieulefit et de Bordeaux, voulant à leur tour protester contre le coup d'État, se mirent en route pour Crest. Le 7 décembre, à deux heures, ils se trouvaient à peine à quelques kilomètres de cette ville et ne se doutaient guère de la réception qui les y attendait. Croyant trouver les portes ouvertes, ils marchaient sans ordre. On leur crie : « Voilà l'artillerie; vous êtes perdus. » Ils répondent par les cris de : « Vive l'artillerie! Vivent nos frères! Vive la République! » Ils continuent à s'avancer; un coup de canon les arrête; mais, le premier moment d'étonnement passé, ils tombent sur les canonniers, qui s'empressent de se retirer. L'affaire commençait à devenir sérieuse. C'est alors qu'un ouvrier de Crest, traversant au péril de sa vie la rivière de la Drôme, qui était très forte à ce moment, alla prévenir les paysans de ce qui se passait. Ceux-ci ne tinrent aucun compte de l'avis et se battirent en braves; le soir venu, ils renoncèrent à la lutte, ce qu'ils n'auraient sans doute pas fait s'ils avaient su que la troupe avait épuisé ses munitions et se trouvait dans l'impossibilité de continuer le combat.

Une autre tentative de résistance au coup d'Etat fut essayée par un grand nombre d'habitants des communes situées sur les bords du Rhône. Les républicains marchèrent sur Loriol et s'en emparèrent. Il y eut d'autres escarmouches dans les environs de Montélimar où la troupe fut battue, mais la défaite des républicains au pont de Crest, ainsi que l'annonce de l'arrivée d'un nouveau régiment à Valence, mirent fin à la résistance et assurèrent le triomphe de celui qui avait pourtant juré obéissance à la République.

Pendant toute la durée de l'Empire, la Drôme ne joua pas un rôle bien important. A la fin, cependant, Valence essaya de faire nommer Bancel comme député de l'opposition, mais cette candidature échoua en présence de celle du candidat officiel.

On sait comment s'écroula le second Empire. La guerre, si légèrement déclarée à la Prusse par Napoléon III, ne fut qu'une série de revers. Après le désastre de Sedan, l'Empire fut jeté à bas, et un gouvernement républicain fut proclamé, qui, en raison de la gravité des circonstances, prit le nom de Gouvernement de la Défense nationale. Le département de la Drôme vit tomber avec joie, mais avec une joie mêlée d'amertume, le gouvernement impérial contre l'avènement duquel il avait lutté avec courage, et qui avait abouti à l'amoindrissement de la France.

L'année dernière (1888), M. Carnot, Président de la République, a bien voulu, à l'occasion du centenaire des Etats de Vizille et de Romans, se rendre en Dauphiné et poser à Romans la première pierre du monument commémoratif de ces événements, monument qui sera inauguré prochainement. L'enthousiasme qui a accueilli le chef de l'Etat sur tout son parcours, à Grenoble, à Vizille, comme à Romans et à Valence, nous prouve que la République est fondée aujourd'hui sur des bases inébranlables.

CONCLUSION

Nous voici arrivés à la fin de cette histoire du département de la Drôme, et, de même que le voyageur, parvenu au sommet d'une montagne, contemple le chemin qu'il a parcouru et repose en paix ses yeux sur le paysage qui se déroule devant lui, de même il est bon pour les peuples de jeter un regard en arrière afin de mieux apprécier les résultats considérables obtenus par nos aïeux et par les hommes de notre siècle. Aujourd'hui que la République a assuré au peuple, non seulement la Liberté, l'Egalité et la Fraternité, mais encore a donné à chaque citoyen, par une instruction solide et gratuite, les moyens de comprendre et d'apprécier ces trois mots qui forment la devise républicaine, nous pouvons espérer et avoir foi dans l'avenir !

LES PERSONNAGES REMARQUABLES

DU

DÉPARTEMENT DE LA DRÔME

I. — ÉCRIVAINS

SAUTEL (Pierre-Louis), l'un des meilleurs poètes latins modernes, naquit à Valence en 1613. Admis dans la société de Jésus en 1625, il fut chargé pendant douze ans de la rhétorique au collège de Tournon et y mourut à l'âge de 49 ans, le 8 juillet 1662.

GENOÜD (Antoine-Eugène), dit de Genoude, publiciste, est né à Montélimar, le 9 février 1792. Ce fut un écrivain de valeur, mais dont les ouvrages dénotent des idées ultramontaines assez avancées. Cependant on doit remarquer que ce fut lui qui, le premier, dans le journal la *Gazette de France*, entreprit une campagne en faveur du suffrage universel. M. de Genoude est mort le 19 avril 1849, aux îles d'Hyères, où il s'était rendu pour rétablir sa santé. Il était chevalier de la Légion d'Honneur.

MONIER DE LA SIZERANNE (Paul-Jean-Ange-Henri), comte, ancien député et ancien sénateur, est né à Tain, le 31 janvier 1797. Avant d'entrer dans la vie politique, M. Monier de la Sizeranne publia quelques travaux littéraires et composa deux pièces qui furent représentées au Théâtre Français, *l'Amitié des deux Ages*, comédie en 3 actes et en vers (1826), et *Corinne*, drame en 3 actes et en vers (1830). M. Monier représenta l'arrondissement de Die à la Chambre des députés de 1837 à 1848. Candidat officiel sous l'empire, il fut membre du Corps législatif de 1857 à 1863. Un décret du 7 mai 1863 le nomma sénateur. Officier de la Légion d'Honneur, M. Monier de la Sizeranne est mort à Nice, le 6 janvier 1878.

II. — SAVANTS ET ÉRUDITS

BARNAUD (Nicolas), médecin alchimiste du XVIe siècle, est né à Crest dans la première moitié du XVIe siècle, d'une famille protestante. Il voyagea beaucoup et écrivit d'Orani en Piémont, où il se trouvait en 1573, un ouvrage très violent contre les fauteurs de la Saint-Barthélemy. On ne connaît pas la date ni le lieu de sa mort : quelques auteurs croient cependant qu'il termina ses jours en Espagne.

JOUBERT (Laurent), médecin célèbre, est né à Valence, le 6 octobre 1529. — Après avoir suivi les cours de la Faculté de Médecine de Montpellier, il fut reçu docteur en 1558. En 1567, après un concours, il fut nommé professeur d'anatomie à cette même Faculté. Quoique protestant, Joubert fut, en 1569, attaché en qualité de chirurgien à l'armée royale commandée par le duc d'Anjou. En 1573, il fut appelé à remplir les fonctions de chancelier de l'Université. Sa réputation s'étendait au loin : on l'appelait de tous côtés pour des cas difficiles ou désespérés. Ce fut en revenant de Toulouse, où il était allé voir des malades, qu'il mourut à Lombez, des suites d'une dysenterie (1582.)

Joubert a publié un certain nombre d'ouvrages de médecine.

BERNARD (Jacques), pasteur protestant et journaliste, naquit le 1er septembre 1658 à Nyons, où son père était ministre. Il exerça lui-même les fonctions de ministre à Venterol et à Vinsobres. En 1685, il se retira en Hollande, où il trouva à Tergow une place de pasteur. Bernard demeura quinze ans dans cette localité; puis fut nommé en 1705 ministre à Leyde et lecteur suppléant en philosophie à l'Université. En 1712 il devint titulaire de la chaire et mourut à Leyde, le 27 avril 1718. On a de lui un certain nombre d'ouvrages dont les plus célèbres sont une *Histoire abrégée de l'Europe* et les *Nouvelles de la République des lettres.*

SERVAN (Antoine-Joseph-Michel), avocat général au parlement de Grenoble, naquit à Romans, le 3 novembre 1737. Il appartenait à une bonne famille de bourgeois. Son père lui fit donner une excellente éducation à Lyon, puis à Paris, et lui fit ensuite étudier le droit. Servan préférait les lettres; toutefois il suivit les conseils de son père et mena à bonne fin l'étude de la jurisprudence.

En 1764, il acheta la charge d'avocat général au parlement de Grenoble ; il n'était alors âgé que de 27 ans. Ce fut en cette qualité qu'il prononça, en 1765, le discours de rentrée du parlement, sur l'utilité de la philosophie, discours qui fit sensation.

En 1772, Servan se démit de sa charge et rentra dans la vie privée : il salua l'un des premiers avec enthousiasme l'aurore de la liberté, mais il ne joua pas de rôle actif. En 1792, il se retira en Suisse, et il ne revint en France qu'en 1802. Il mourut à Saint-Remy, près de Tarascon, le 5 novembre 1807.

L'éloquence de Servan eut pour admirateurs les hommes les plus célèbres de son époque : Voltaire, d'Alembert, Helvétius, le baron d'Holbach, Buffon lui adressèrent les lettres les plus flatteuses.

FAUJAS (Barthélemy), dit Faujas de Saint-Fond, géologue, administrateur du Jardin des Plantes de Paris, est né à Montélimar, le 19 mai 1741. Son père, qui était greffier, le poussa vers l'étude du droit. Il devint donc avocat ; mais un goût de plus en plus irrésistible l'entraînait vers les sciences naturelles. Il étudiait avec passion la géologie et il publia trois ouvrages qui le signalèrent à l'attention des géologues, entre autres à celle de Buffon, qui l'appela à Paris et le fit nommer adjoint aux travaux du Jardin du Roi. Quelques années plus tard, il fut nommé commissaire du roi pour les mines. Enfin, à la mort de Buffon, il obtint sa succession et remplit les fonctions d'administrateur du Jardin du Roi jusqu'à sa mort, survenue le 18 juillet 1819. Dans ses voyages à travers la France et l'Europe, il recueillit des collections remarquables qui ont enrichi le Muséum.

FREYCINET (Louis-Claude de Saulces de) naquit à Montélimar, le 7 août 1779. — Comme son frère Henri, il fit sa carrière dans la marine, mais ce qui l'en distingue c'est sa passion pour les sciences naturelles. Dans les différents voyages qu'il fit comme capitaine de frégate, il recueillit des collections extrêmement intéressantes. Louis XVIII le nomma, en 1820, capitaine de vaisseau; mais, à partir de cette époque, il cessa tout service dans la marine pour se consacrer exclusivement à la rédaction de son dernier voyage que le gouvernement l'avait chargé de publier. Malheureusement il n'eut pas le temps d'achever son œuvre; il mourut dans sa maison de Freycinet, près de Montélimar, le 18 août 1842. M. de Freycinet était membre de l'Académie des Sciences depuis 1826, et l'un des fondateurs de la société de géographie. Décoré de la croix de saint Louis en 1814, il fut nommé officier de la Légion d'Honneur en 1824, et commandeur en 1832.

III. — HOMMES DE GUERRE ET MARINS

ALBERT DE RIONS (le comte François-Hector d'), chef d'escadre, chevalier de Saint-Louis, est né à Saint-Auban (Drôme), en 1728. Il entra très jeune dans la marine. Il ne commença à se signaler que lors de la guerre pour l'indépendance des États-Unis : on cite de lui un trait de bravoure digne d'être conservé. Ce fut lui qui opéra la capture du vaisseau anglais l'*Experiment*, qui portait 250,000 livres d'argent monnayé. A son retour en France, en 1783, il fut nommé par le roi chef d'escadre et envoyé à Toulon comme commandant de la marine. Son caractère autoritaire lui valut d'être traîné en prison avec quatre de ses officiers, le 1er septembre 1789. Il vint demander justice à Paris; après une enquête minutieuse, on reconnut qu'il n'y avait pas lieu de le poursuivre. De Rions trouva que cette satisfaction n'était pas suffisante et il s'adressa au roi. Celui-ci l'appela à Brest pour commander une flotte de trente vaisseaux. Mais, à la suite d'une nouvelle affaire, il donna sa démission, le 4 octobre 1790, et passa à l'étranger. Il fit, avec les émigrés, la campagne de 1792 et ensuite se retira en Dalmatie, où il resta jusqu'au 18 brumaire. Rentré en France, il passa ses derniers jours à Anneyron, où il mourut le 3 octobre 1802.

SERVAN (Joseph), général de division, naquit à Romàns, le 14 février 1741. Engagé volontaire en 1760 dans le régiment de Guyenne, il servit en 1761 contre les Anglais, sur les côtes de Bretagne, et fit la campagne de Corse en 1769. Une brochure qu'il publia en 1780, intitulée *Le soldat citoyen*, appela sur lui l'attention et le fit nommer sous-gouverneur des pages. Lorsque la Révolution éclata, il en fut l'un des plus chauds partisans et écrivit en 1790 un ouvrage sur la constitution à donner à l'armée. Nommé maréchal de camp (général de brigade) en 1792, il fut appelé au ministère de la guerre, mais la mesure qu'il avait prise de faire établir près de Paris un camp de 20,000 fédérés, dans le but de protéger l'Assemblée, irrita le roi et amena sa révocation et celle de ses collègues. Il fut alors envoyé à l'armée du Midi, puis au camp de Soissons. Après la journée du 10 août, l'Assemblée le rappela au ministère de la Guerre, d'où il se retira le 6 novembre 1792. Appelé au commandement en chef de l'armée des Pyrénées-Orientales, il fit tous ses efforts pour y rétablir la discipline, qui manquait totalement, mais il fut dénoncé à Robespierre, arrêté et conduit à l'Abbaye. La Convention ordonna sa mise en liberté provisoire en chargeant une commission d'examiner les comptes de son administration pendant son passage au ministère de la guerre. Malgré le contrôle le plus minutieux, on ne découvrit rien qui pût entacher son honorabilité; aussi un décret le rétablit-il dans ses biens, grades et traitements. Il mourut à Paris, le 10 mai 1808.

BON (Louis-André), général de division, est né à Romans, le 25 octobre 1758. Il fit la guerre d'Amérique dans le régiment de Bourbon (infanterie), puis se retira, dans ses foyers. En 1792, il se mit à la tête d'un bataillon de volontaires et se rendit à l'armée des Pyrénées, commandée par Dugommier. Il se signala au siège de Bellegarde en repoussant 20,000 Espagnols et fut nommé général de brigade en récompense de cette belle action. En 1795, il passa à l'armée d'Italie où il commanda une brigade sous les ordres d'Augereau. Il se signala dans différentes batailles. En 1797, il fut désigné pour commander la 8e division militaire (Marseille). C'était un poste ridicule : par sa prudence et la fermeté de son caractère, le général Bon maintint l'ordre et prévint ainsi les luttes qui auraient pu se produire. Il fut nommé en récompense de sa conduite général de division. Il fit en cette qualité la campagne d'Égypte et mourut au siège de Saint-Jean-d'Acre, le 10 mai 1799. Son nom se trouve inscrit sur l'Arc de Triomphe de l'Etoile, côté sud.

CHAMPIONNET (Jean-Etienne) naquit à Valence, en 1762. — Sa famille le destinait au barreau et il fit ses études au collège de Chabeuil. Mais, à l'âge de 14 ans, il changea de direction : il prit un engagement comme simple soldat dans les gardes du régiment de Bretagne, fit en cette qualité la campagne d'Espagne et assista au siège de Gibraltar (1782). Après la paix il revint dans son pays. Championnet ne commença à jouer un rôle vraiment actif qu'en 1792. Il organisa à Valence un bataillon de volontaires dont il fut nommé le chef.

A Besançon, où il sut réprimer une agitation populaire sans faire verser une goutte de sang, il fut nommé, en raison de sa belle conduite, chef de brigade (1793). Il fut envoyé ensuite à l'armée de la Moselle, dont Hoche était le chef, et se signala dans plusieurs affaires, notamment à Landau. Ce brillant succès lui valut le grade de général de division (1794). Envoyé à l'armée de Sambre-et-Meuse, il contribua puissamment à la victoire de Fleurus.

Mais la plus brillante partie de sa carrière eut l'Italie pour théâtre, lorsqu'il fut nommé général en chef de l'armée de Rome. Il se signala dans cette campagne, et particulièrement au siège de Naples, qu'il prit le 25 janvier 1799, et où il organisa la fameuse République parthénopéenne.

Cette brillante expédition fut la cause de la disgrâce

de Championnet. Il avait été signalé au Directoire par d'indignes spéculateurs; il fut arrêté et conduit en prison à Grenoble, mais les événements du 30 prairial (18 juin 1799) le rendirent à la liberté.

Mis ensuite à la tête de l'armée des Alpes, il débuta en battant l'ennemi à l'Assecto, enleva Suze et débloqua Fénestrelles, mais il subit un léger échec à la journée de Fourans où il fut contraint de battre en retraite. Il tomba malade à la suite de ces opérations et mourut à Antibes, le 9 janvier 1800.

Son cœur fut transporté à Valence et sa statue s'élève aujourd'hui dans cette ville, sur une place qui porte son nom. Championnet est resté l'une des gloires les plus pures de la Révolution.

BLANCARD (Amable-Guy), lieutenant-général, baron du premier Empire, naquit à Loriol, le 18 août 1774. Entré comme sous-lieutenant dans le régiment de cavalerie Royal-Roussillon, en 1791, il fit toutes les campagnes de la première République et du premier Empire et obtint à la bataille d'Austerlitz le grade de colonel. Général de brigade en 1813, il fut mis en disponibilité pendant le règne des Bourbons de la branche aînée. Remis en activité par le gouvernement de Juillet, il a commandé le département du Rhône et celui de Seine-et-Oise. Commandeur de la Légion d'honneur en 1832, il fut admis dans le cadre de réserve en 1835 avec le grade de général de division.

CHARETON (Jean-Joseph Veye, dit), général français, sénateur, est né à Montélimar, le 8 juillet 1813, d'une famille sans fortune, entra à l'École polytechnique, en 1832, et en sortit dans le génie, avec le grade de sous-lieutenant, en 1834. Après avoir passé par tous les grades, Chareton devint général de brigade en 1870, et général de division en 1875. Il fit les campagnes d'Algérie et de Crimée, prit part à la guerre de 1870, fut fait prisonnier à Sedan et interné à Wiesbaden. A l'armistice, il fut élu député de la Drôme à l'Assemblée nationale, prit place au centre gauche et se fit inscrire à la réunion de la gauche républicaine. Il fut rapporteur de la sous-commission de la réorganisation de l'armée et défendit le service de quatre ans. Aux élections des sénateurs inamovibles, il fut porté candidat et nommé au 7e tour de scrutin par 330 voix sur 591 votants. Le général Chareton, qui était commandeur de la Légion d'honneur, est mort à Paris, le 14 juin 1878.

FARRE (Jean-Joseph-Frédéric-Adolphe) naquit à Valence, le 5 mai 1816. Il fit ses premières études au collège de Saint-Marcellin, puis les termina au lycée de Grenoble. Admis en 1835 à l'Ecole polytechnique, il en sortit en qualité de sous-lieutenant du génie. Après avoir passé par les différents grades, il devint général de brigade en 1870 et prit part à toutes les opérations de l'armée du Nord, que le général Faidherbe commandait alors en chef. Après la guerre, il fut appelé en Algérie comme commandant du génie. Promu au grade de général de division en 1875, il fut, en cette qualité, nommé membre du comité des fortifications.

Le général Farre, après avoir commandé en chef le 14e corps d'armée, fut appelé au ministère de la Guerre dans le cabinet Freycinet, en 1879, et il garda son portefeuille jusqu'en 1881, où il donna sa démission. Nommé sénateur inamovible le 26 novembre 1880, le général Farre, qui avait été fait grand officier de la Légion d'honneur lors de la distribution des drapeaux à l'armée, le 14 juillet 1880, est mort à Paris en 1887.

IV. — HOMMES D'ÉTAT ET PERSONNAGES POLITIQUES

LALLY (Thomas-Arthur, comte de), baron de Tollendal, est né le 13 janvier 1702 à Romans, où son père commandait en qualité de colonel le régiment de Dillon. Nommé capitaine en 1728, Lally fut chargé par le cardinal Fleury d'une mission diplomatique en Russie. Il se fit remarquer par sa bravoure à la bataille de Fontenoy et, quelques années après, au siège de Maëstricht, où il reçut le brevet de maréchal de camp (général de brigade).

Huit ans plus tard, il fut nommé lieutenant-général

(général de division) et gouverneur de toutes les possessions françaises de l'Inde. Il lutta avec la plus grande énergie contre les Anglais, mais, ne recevant aucun renfort malgré ses incessantes demandes, il fut assiégé dans Pondichéry et obligé de se rendre (1761). Conduit comme prisonnier en Angleterre, puis relâché, il vint en France, où le gouvernement le fit enfermer à la Bastille. Le procès qu'on lui fit reste comme l'un des actes les plus monstrueux de Louis XV. Le Parlement le condamna à être décapité; il subit sa peine le 9 mai 1766. Voltaire fut le premier qui s'éleva contre l'exécution de Lally, et plus tard son fils entreprit de le réhabiliter dans un mémoire remarquable. Aujourd'hui le nom de Lally est un de ceux que nous honorons le plus et l'histoire s'est chargée de lui rendre la justice qu'il méritait.

DUCHESNE (Pierre-François) naquit à Romans, le 6 octobre 1743. Avocat au parlement de Grenoble, il fut l'un des adeptes les plus fervents de la Révolution. Le département de la Drôme le nomma en 1797 député au Conseil des Cinq Cents. Ce fut lui qui le premier parla en faveur de l'instruction populaire et qui reprocha au gouvernement de laisser les classes pauvres dans l'ignorance. Lors du scrutin pour la nomination du consul à vie, il vota contre avec Carnot et donna sa démission. Il se retira à Grasse, puis à Grenoble, où il exerça de nouveau sa profession d'avocat.

Il est mort à Grenoble en 1814, bâtonnier de l'ordre des avocats de cette ville.

MONTALIVET (Marthe-Camille Bachasson de) est né à Valence, le 25 avril 1801. Admis en 1820 à l'École polytechnique, il sortit dans les ponts-et-chaussées. La mort de son père et de son frère aîné, qui le faisait hériter ainsi des titres de comte et de pair de France, le fit changer de direction. Il combattit le ministère Polignac; en 1830, il offrit le premier ses services au roi Louis-Philippe et, le 2 novembre de la même année, il fut nommé ministre de l'intérieur, d'où il passa, en mars 1831, à celui de l'Instruction publique. Il revint au ministère de l'Intérieur après la mort de Casimir

Périer, survenue en 1832. M. de Montalivet ne fit pas partie du ministère Thiers et Guizot : le roi le nomma intendant-général de la liste civile, fonction qu'il garda jusqu'à la chute de Louis-Philippe. Il contribua à la création du musée de Versailles.

Après la Révolution du 4 septembre 1870, il ne dissimula pas ses préférences pour un gouvernement républicain, « devenu le seul gouvernement libéral possible. » Il fut nommé sénateur inamovible, le 18 février 1879, et mourut à Paris, le 4 janvier 1880. Il était grand'croix de la Légion d'honneur et membre libre de l'Académie des Beaux-Arts.

BONJEAN (Louis-Bernard), est né à Valence en 1804. Bonjean qui appartenait à une famille pauvre, fut obligé, pour vivre, de donner des répétitions de mathématiques d'abord, et ensuite de droit. Il se signala dans les journées de 1830, où il perdit un œil. Devenu en 1838 avocat à la Cour de Cassation, il fut élu en 1848 député à la Constituante et vota constamment avec la droite. Il suivit, à partir de 1849, la politique de Louis-Napoléon, fut nommé, en 1852, avocat général à la Cour de Cassation, sénateur en 1855, premier président de la cour de Riome, puis président de chambre à la Cour de Cassation. Lors de la commune, il remplissait provisoirement les fonctions de premier président : il fut arrêté et retenu comme otage, puis, après 64 jours de prison, fusillé le 24 mai 1871 avec l'archevêque de Paris.

Il a laissé un certain nombre d'ouvrages juridiques qui font encore aujourd'hui autorité.

V. — ARTISTE

CLÉMENT (Félix), peintre, naquit à Donzère, le 20 mai 1826. Entré à l'École des Beaux-Arts de Lyon en 1843, il obtint en 1856 le prix de Rome.

Il suivit en Egypte M. Bravay (le fameux nabab d'Alphonse Daudet), et son séjour dans ce pays ne fit qu'enrichir son esprit d'idées neuves et originales. En 1874, le ministre de l'Instruction publique l'envoya à Lyon pour réorganiser l'école des beaux-arts de cette ville.

Ses œuvres principales sont : *l'Enfant qui dessine sur un mur la silhouette d'un âne*; *la Sieste*; *la Mort de César*; *le Chariot Égyptien* : quant aux portraits, il serait trop long de les énumérer, tant en a faits Clément.

M. Clément, qui était un peintre de très *grande valeur*, très apprécié des connaisseurs, est mort encore jeune à Paris, le 2 février 1888.

FIN

TABLE ALPHABÉTIQUE

DES PERSONNAGES REMARQUABLES DE LA DRÔME

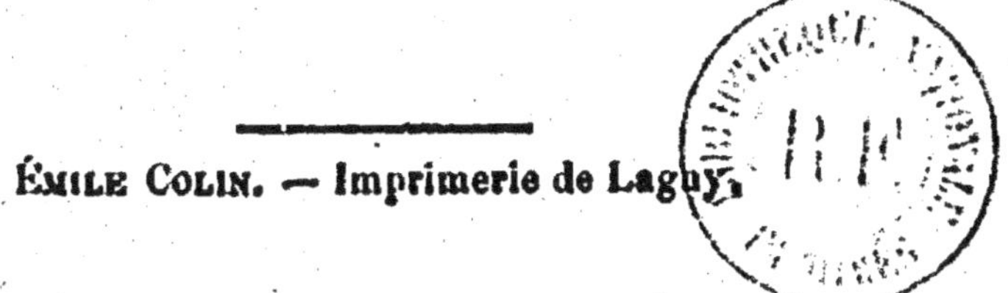

ÉMILE COLIN. — Imprimerie de Lagny.

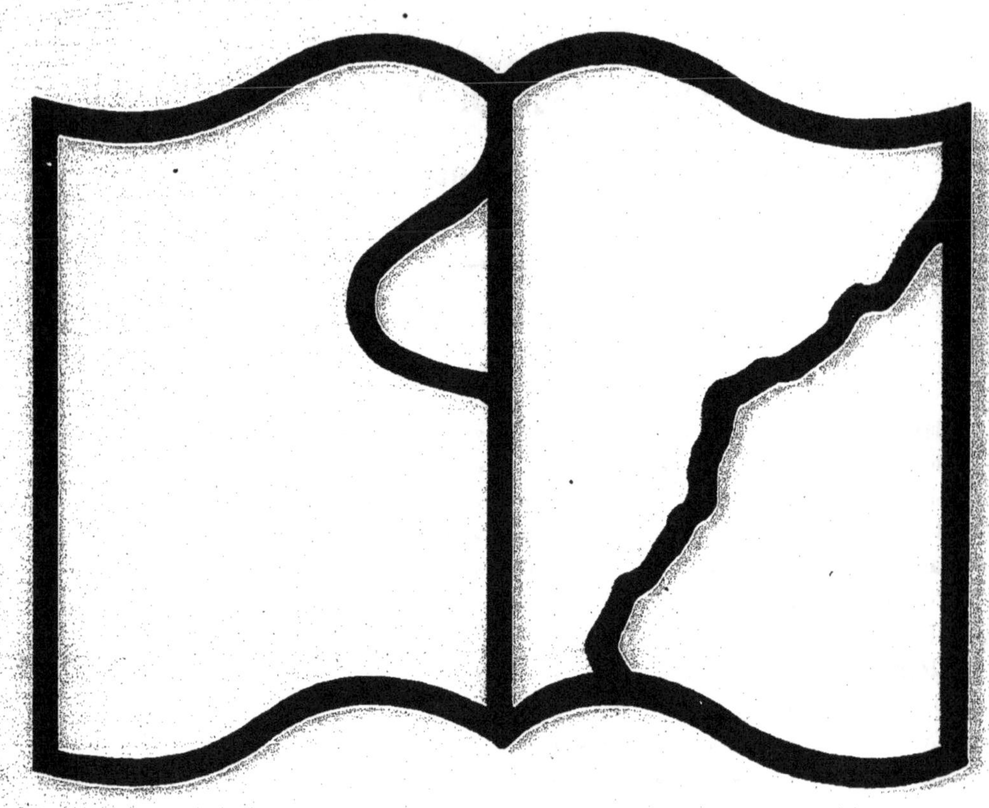

Texte détérioré — reliure défectueuse

NF Z 43-120-11

www.ingramcontent.com/pod-product-compliance
Lightning Source LLC
LaVergne TN
LVHW010306230826
846091LV00007BB/2745

* 9 7 8 2 0 1 3 2 7 0 0 8 3 *